MINI • Band 3

S WAS!

macht Kinder zu Experten
für sich selbst

Sigrun Eder
Caroline Oblasser
Claudia Burmeister

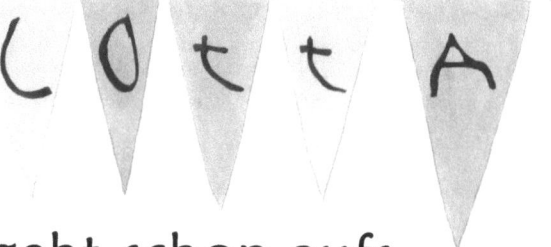

geht schon aufs

KLO!

So bleibt die Hose sauber

edition
riedenburg

Bibliografische Information der Deutschen Nationalbibliothek
Die Deutsche Nationalbibliothek verzeichnet diese Publikation in der Deutschen Nationalbibliografie; detaillierte bibliografische Daten sind im Internet über http://dnb.d-nb.de abrufbar.

Besonderer Hinweis

Markenschutz

2. Auflage	Juni 2016
© 2015–2016	edition riedenburg
Verlagsanschrift	Anton-Hochmuth-Straße 8, 5020 Salzburg, Österreich
Internet	www.editionriedenburg.at
E-Mail	verlag@editionriedenburg.at

Lektorat	Dr. Heike Wolter
Satz und Layout	edition riedenburg
Herstellung	Books on Demand GmbH, Norderstedt

ISBN 978-3-903085-36-7

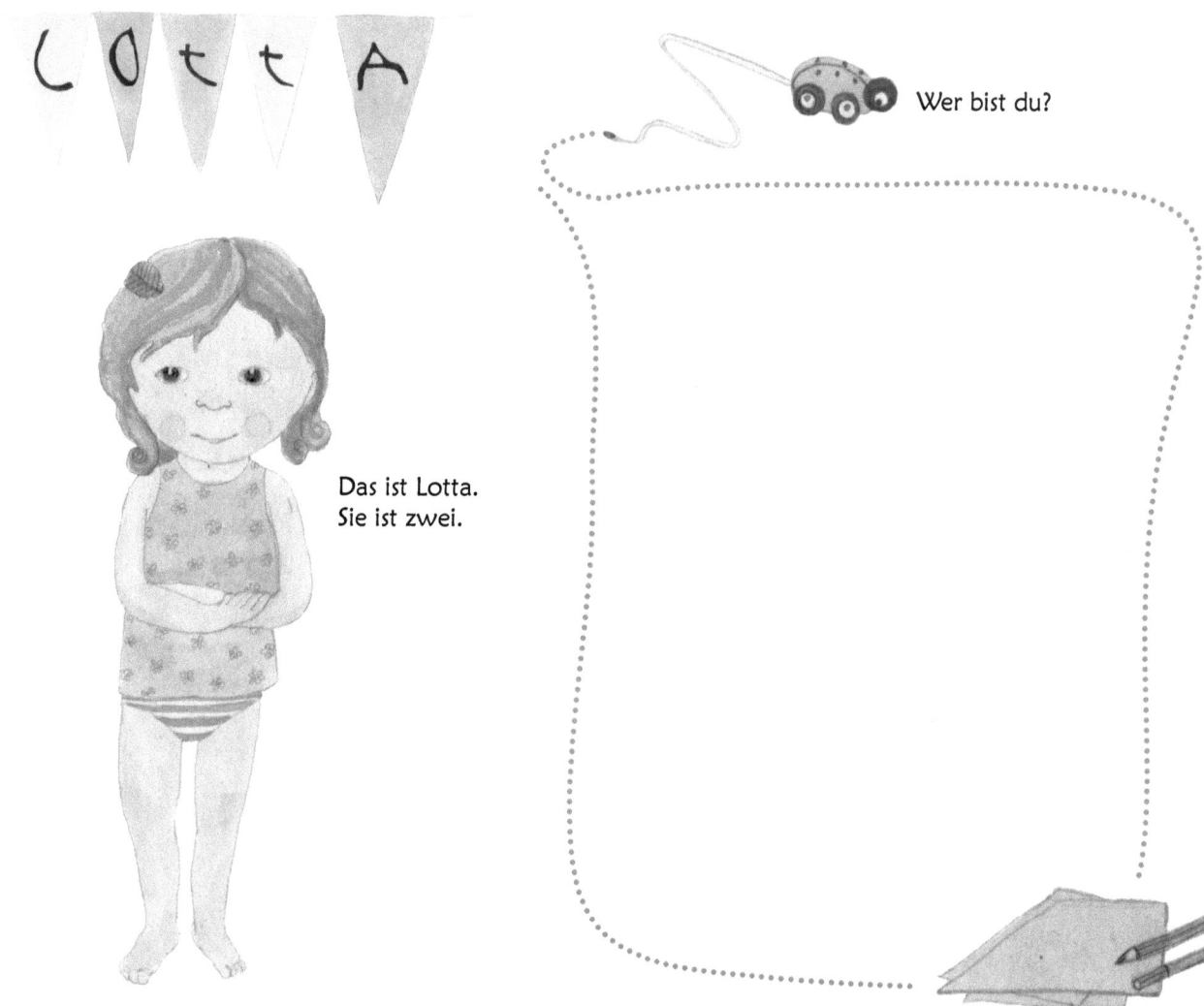

LOTTA

Das ist Lotta.
Sie ist zwei.

Wer bist du?

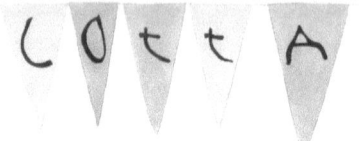

Lotta ist zwei und weiß schon ganz genau, was sie will. Aufs Klo gehen zum Beispiel. So wie Mama und Papa.

Ok, nicht ganz wie der Papa. Der macht sein Pipi mal im Stehen und mal im Sitzen.

Lotta ist viel beschäftigt. Sie knetet, malt, macht Musik mit ihrer Trommel und beobachtet, was sich vor dem Fenster so tut.

Dabei kann es auch passieren, dass sie vergisst, aufs Klo zu gehen.

„Pipi gemacht!", sagt Lotta dann, und Mama hilft ihr beim Umziehen.

Windelhosen, die Pipi drin haben, mag Lotta überhaupt nicht. Die muffeln und sind schwer.

Lotta spürt schon, wenn das Pipi raus will.
Trotzdem ist das Pipi manchmal schneller als sie.

Gestern zum Beispiel hat Lotta am kleinen
Bach Ausschau nach Fischen gehalten. Plätscher,
plätscher, plätscher – so machte das Wasser.

Und schon plätscherte das Pipi in Lottas
Windelhose.

Ein andermal hat Lotta zu Hause mit dem Kindermesser in der Küche Kartoffeln geschnippelt. Und schwups war das Pipi wieder ein bisschen schneller als sie.

„Da sind nur ein paar Tropfen in die Windel gegangen", hat Mama gesagt, als Lotta auf dem Töpfchen saß. „Das trocknet wieder."

Aber Lotta wollte unbedingt eine neue Windelhose. Die fühlt sich nämlich viel besser an und riecht auch nicht nach Pipi.

Lotta braucht ziemlich viele Windelhosen.
„Windelhosen sind teuer", sagt Mama. Und
Lotta verspricht, dass sie das nächste Mal ein
bisschen früher aufs Klo gehen wird.

„Windel teuer", sagt Lotta und nickt. Sie holt
ein paar Münzen aus dem Sparfuchs und gibt sie
ihrer Mama.

„Spar dein Geld", lacht Mama. „Geld sparen",
sagt Lotta, und wirft die Münzen zurück in den
Fuchs.

Lotta nimmt sich vor, in Zukunft ganz gut auf ihre Windelhose aufzupassen. Wenn die Hose trocken bleibt, muss sie nicht in den Mülleimer.

Sie findet es nämlich schade, wenn Mama die hübschen Hosen einfach wegwirft.

Viel lieber würde Lotta alle neuen Hosen sammeln und sie zu den bunten Socken in ihren Kleiderschrank legen.

Wenn Lotta morgens ganz früh aufwacht, möchten Mama und Papa am liebsten weiterschlafen. Schließlich schläft auch die Sonne noch.

„Lass uns ein wenig kuscheln", sagt Mama und gähnt.

„Klo!", ruft Lotta und klettert aus dem Bett.

„Ich helfe dir", sagt Papa und zieht Lotta den Schlafsack aus.

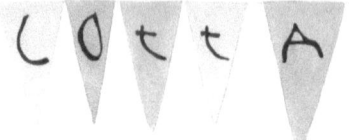

Lotta wartet auf Papas Schoß, bis er die Knöpfe von ihrem Schlafanzug aufgemacht hat.

Endlich ist auch die Windelhose unten, und Lotta setzt sich aufs Töpfchen.

„Lululu", hört man. Lotta grinst zufrieden.

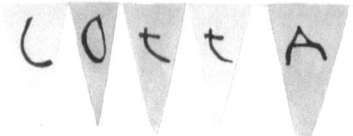

Lotta bleibt noch ein wenig sitzen und liest ein Buch.

„Kacka kommt!", meldet sie nach einer Weile und steht auf. Im Töpfchen liegt eine Wurst.

„Prima!", freut sich Papa und hilft Lotta dabei, ihren Popo zu putzen.

Anschließend kippt er die Kacka-Wurst ins große Klo und reinigt das Töpfchen.

Nachdem Lotta mit Papa Zähne geputzt und gemeinsam mit Mama die Kleidung ausgesucht hat, frühstücken alle.

„Magst du noch einmal Pipimachen, bevor wir mit den Hunden spazieren gehen?", fragt Mama.

Lotta nickt. Zielsicher marschiert sie ins Gästeklo und zieht dort ihre Hose runter.

Mama setzt sich ganz hinten auf die Klobrille. Dann hebt sie Lotta hoch. So kann Lotta bequem pieseln.

Eine ganze Weile waren Lotta und Mama unterwegs. Lotta ist schon müde vom Gehen und Beobachten. Sie klettert in den Buggy, genau wie die beiden Hunde.

„Bist du durstig?", fragt Mama und reicht Lotta die Trinkflasche. „Ja", sagt Lotta und trinkt ein paar große Schlucke Wasser.

Dann macht Lotta ein kleines Nickerchen. Während Lotta schläft, erledigt Mama den Einkauf für das Mittagessen.

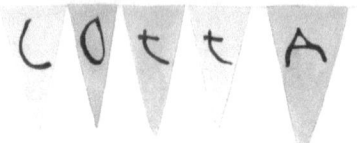

Als Lotta wieder wach ist, merkt sie, dass Pipi
aus ihr raus will.

„Klo!", ruft sie Mama zu und steigt aus dem
Buggy.

Rasch geht Mama mit Lotta hinter einen Baum
und zieht ihr dort die Hose runter. Dann hebt sie
Lotta hoch, und Lotta gießt den Baum mit ihrem
Pipi.

Als Lotta und Mama wieder zu Hause sind, ist es fast Mittag.

Lotta hilft Mama, die Einkäufe hochzutragen. Sie passt gut darauf auf, dass das Obst in der Tasche bleibt und kein Apfel rausfällt.

Beinahe hätte Lotta vergessen, dass sie Pipi muss!

„Klo!", ruft Lotta, und Mama setzt Lotta auf das Töpfchen in der Küche.

Das Mittagessen schmeckt Lotta besonders gut.
Es gibt Fisch mit Kartoffeln und Gurkensalat.
Lotta trinkt ein ganzes Glas Wasser und isst zum
Nachtisch Apfelscheiben mit Joghurt.

Schon nach dem letzten Löffel wird Lotta
unruhig und wetzt auf ihrem Platz hin und her.

„Klo!", ruft sie und rutscht von der Sitzbank.
Wie praktisch, dass das Töpfchen ganz in der
Nähe ist!

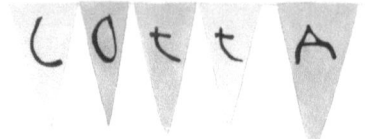

Am Nachmittag gehen Lotta und Mama zum Spielplatz. Dort treffen sie Lottas Freundin Valentina und deren Mama.

Valentina und Lotta drehen sich im Karussell und schaukeln hoch hinaus.

Als Lotta gemeinsam mit Valentina im Sandkasten sitzt und Kuchen backt, merkt sie, dass das Pipi raus will.

„Klo!", ruft sie und läuft zu ihrer Mama. Mama geht mit Lotta hinter einen Busch, und Lotta kann pieseln.

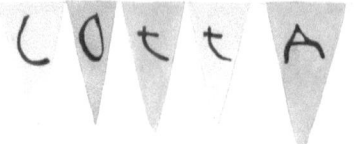

Lotta ist stolz auf ihre trockene Hose. Und auf die vielen Münzen, die sie schon in ihrem Sparfuchs hat. Und darauf, dass sogar Papa mit ihr aufs Klo gehen kann.

So wie letzten Sonntag im Restaurant: Genau als Mama ihr Essen bekommen hat, rief Lotta „Klo!" und ist vom Stuhl gerutscht.

„Komm, ich gehe mit dir aufs Klo", hat Papa gesagt. Rasch sind beide Hand in Hand zur Toilette gelaufen.

Auf der fremden Toilette hat Papa Lotta beim
Ausziehen geholfen und schnell noch den Klositz
abgewischt. Dann hat er Lotta auf die Klobrille
gesetzt und sie festgehalten.

„Lululu", hat Lotta gesagt, und schon ging's los.

Nach dem Abwischen hat Papa Lotta zum
Waschbecken hochgehoben. Lotta hat sich
die Hände gewaschen und sie mit einem
Papierhandtuch abgetrocknet.

Ist Lotta in der Krabbelstube, geht sie dort aufs Kinderklo.

Sobald Lotta merkt, dass Pipi oder Kacka kommt, läuft sie zu Kathrin und sagt: „Klo!"

Kathrin hilft ihr rasch beim Aus- und Anziehen. Sie macht das genauso gut wie Mama und Papa und achtet darauf, dass der Popo sauber ist.

Wenn Mama und Papa mit Lotta im Auto
unterwegs sind, klappt das Pipimachen auch
prima.

„Klo!", ruft Lotta, wenn sie muss. Sie kann sogar
so lange warten, bis Mama oder Papa einen
Parkplatz gefunden haben und anhalten.

Dann lässt Papa Lotta in der Luft schweben, und
Lotta bewässert den Boden.

Es sieht lustig aus, wenn das Pipi Spuren macht.

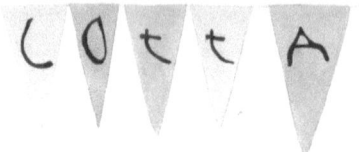

Wenn der Tag vorbei ist, geht Lotta schlafen.

Vorher setzt sie sich noch aufs Töpfchen, macht Pipi und putzt gemeinsam mit Papa ihre Zähne. Dann lässt sie sich umziehen, läuft zu ihrem Bett und krabbelt hinein.

Lotta schlüpft in ihren kuscheligen Schlafsack, und Papa macht den Reißverschluss zu. Er liest Lotta ein Buch vor und erzählt ihr Geschichten vom schlauen Fuchs.

Bald darauf fallen Lotta die Augen zu. Und Papa manchmal auch.

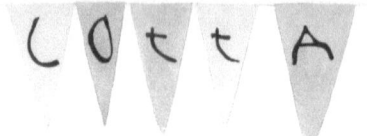

Hat Lotta nachts Durst, geben Mama oder Papa ihr aus der Wasserflasche zu trinken. Die hat in der Nacht einen besonderen Verschluss, damit sie nicht ausläuft.

Manchmal wacht Lotta auch deshalb auf, weil das Pipi raus will. Sie ist dann zu verschlafen, um „Klo!" zu sagen.

Aber Mama und Papa wissen, dass Lotta mal muss, und setzen Lotta aufs Töpfchen. Das steht direkt neben dem Bett. Nach dem Pipimachen kann Lotta gut weiterschlafen.

Bis Lotta alles ganz alleine kann, wird es noch ein wenig dauern.

Aber sie ist jetzt schon eine ganz Große und froh, dass ihre Hose fast immer trocken bleibt. Deshalb hilft sie auch ihrer Puppe Tilly beim Klogehen und setzt sie ab und zu aufs Puppentöpfchen.

„Tilly Klo gehen!", erklärt Lotta und zieht Tilly die Windelhose aus.

Wie lustig! Tillys Hose sieht ja fast so aus wie die von Lotta!

Was kannst du schon alles?

Das kann ich auch:

Wobei brauchst du noch Hilfe?

Dabei brauche ich auch noch Hilfe:

49

Wo schläfst du?

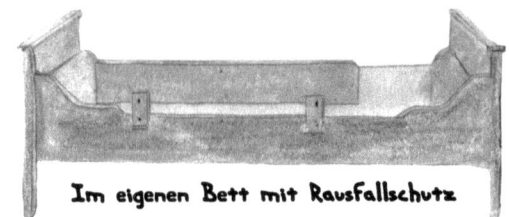

Im eigenen Bett mit Rausfallschutz

Im Gitterbett

Neben Mama und Papa

Anderer Platz:

Wer bringt dich meistens zu Bett? Wähle aus oder schreibe einen Namen auf:

Oma

Mama

Opa

Babysitterin

Papa

Trägst du noch eine Windel?

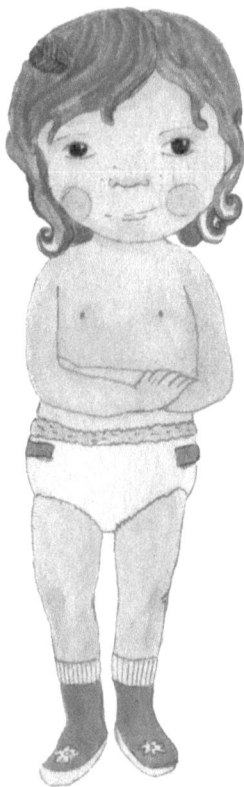

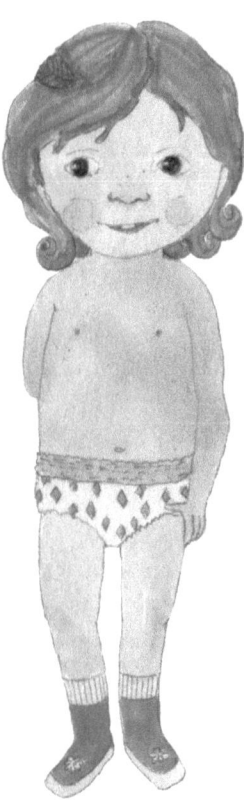

Ja, Mama und Papa
ziehen sie an und aus.

Ja, ich kann sie selber
rauf- und runterziehen.

Nein, ich trage
Unterwäsche.

Wie gehst du aufs Klo?

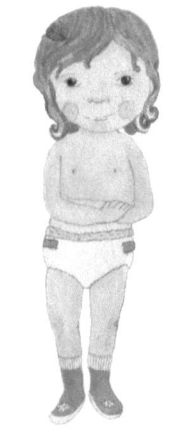

Welche Dinge gibt es bei euch am Klo?

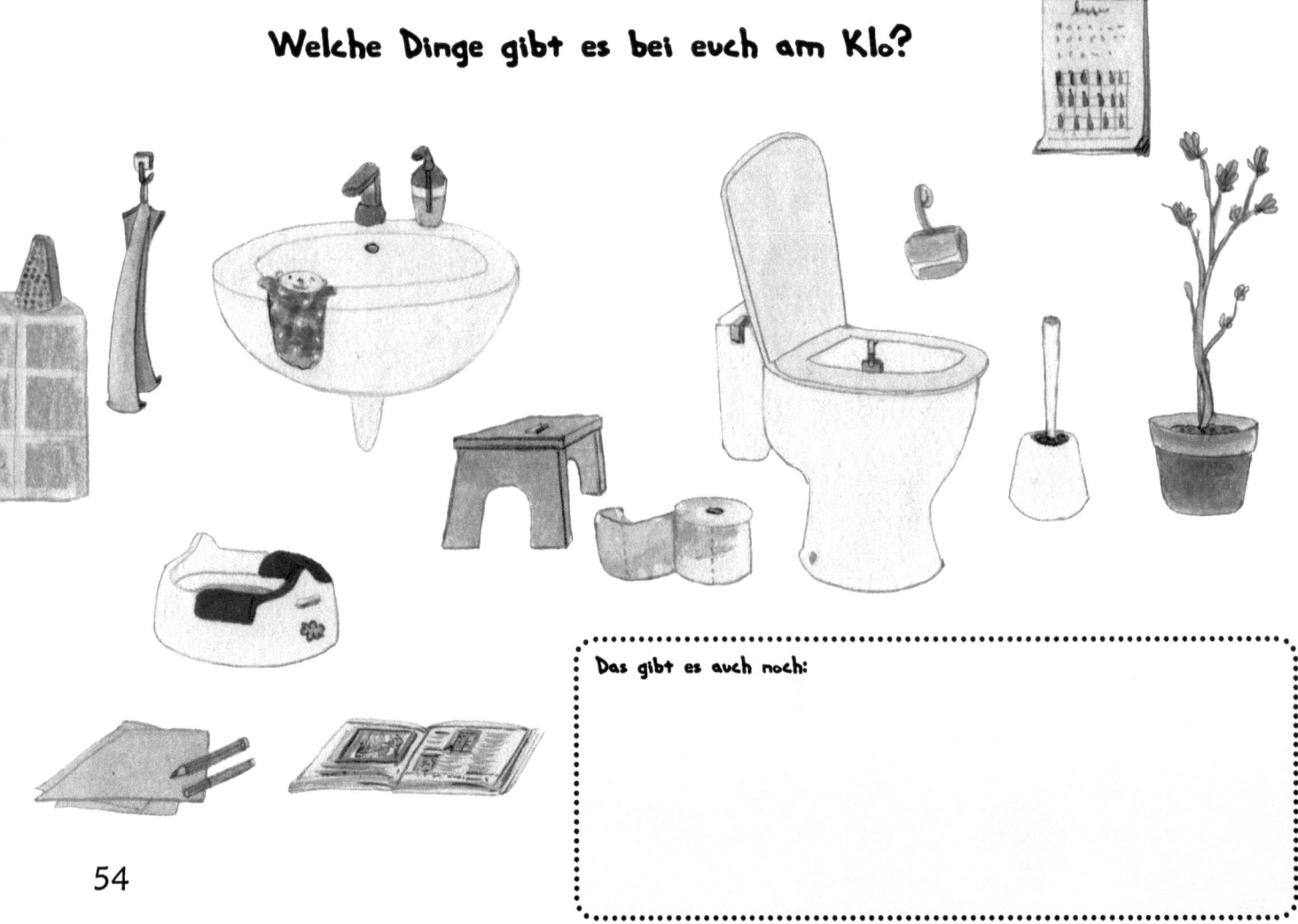

Das gibt es auch noch:

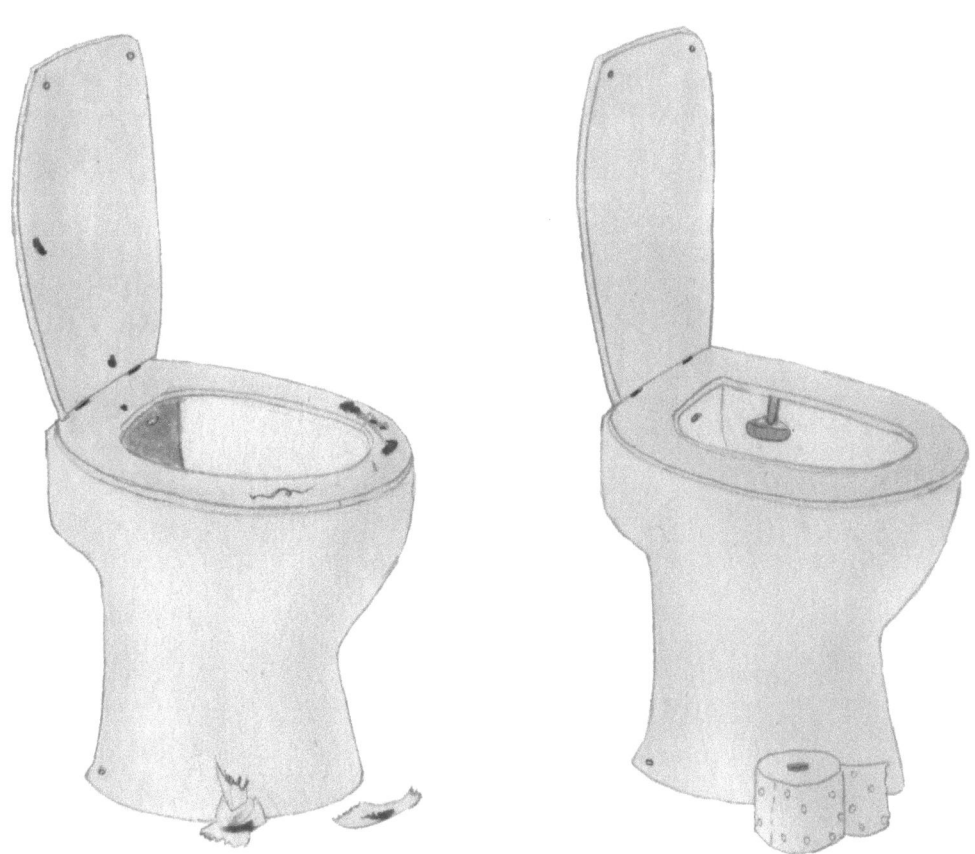

Wie kannst du im Restaurant aufs Klo gehen? Male das für dich passende Bild bunt an. Rede auch mit Mama und Papa, wie ihr das am besten macht.

Was isst und trinkst du am liebsten im Restaurant? Male es auf.

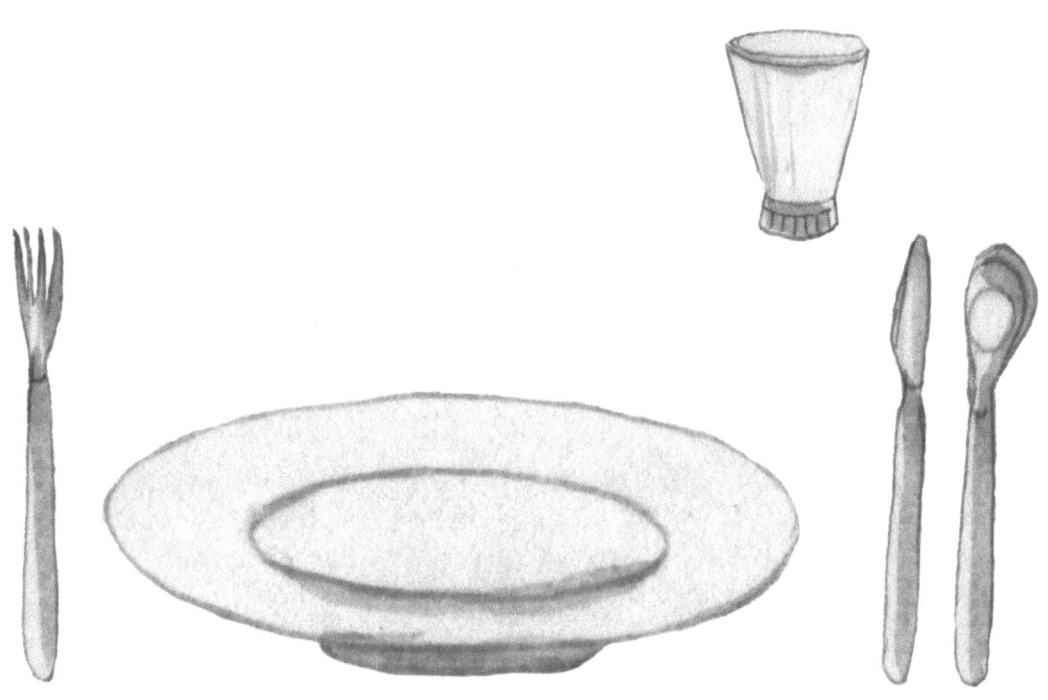

Was musst du tun, bevor das Pipi und Kacka
raus können? Zeige auf die richtige Antwort.

Was machst du, wenn du nachts aufs Klo musst? Beschreibe es!

Das mache ich:

Das macht Mama:

Das macht Papa:

Autorinnen & Illustratorin

Mag. Sigrun Eder hat 2008 bei der edition riedenburg die Buchreihe „SOWAS!" gegründet. Sie arbeitet am Uniklinikum Salzburg. Als Klinische Psychologin, Systemische Familientherapeutin sowie Säuglings-, Kinder- und Jugendlichen-Psychotherapeutin ist sie an der Universitätsklinik für Kinder- und Jugendpsychiatrie sowie am Universitätsinstitut für Klinische Psychologie der Christian-Doppler-Klinik – Paracelsus Medizinische Privatuniversität tätig.

Dr. Caroline Oblasser, Mutter von drei Kindern, ist Sprachwissenschaftlerin, Musikerin und Autorin. Sie leitet den Verlag edition riedenburg, in dem schwerpunktmäßig Kindersachbücher und Gesundheitswissen verlegt werden.

Claudia Burmeister studierte Grafik+Design in Mecklenburg sowie Germanistik und Erziehungswissenschaften in Berlin. Seit September 2011 wohnt sie mit ihrer Familie samt Uroma in der Mecklenburgischen Schweiz und arbeitet hauptberuflich als Grafik-Designerin, Illustratorin und Kunstschullehrerin. www.papierziege.de

Für einen kleinen Spatz kann die volle Windel ganz schön schwer sein!

Kein Wunder, dass Wuschelfloh endlich windelfrei herumflattern möchte. Immerhin fliegen seine Eltern, die Geschwister und alle anderen befreundeten Vögel auch aufs Kloloch.

Das fröhlich gereimte Bilder-Erzählbuch der Buchreihe SOWAS! MINI ist für Kinder ab zwei Jahren geeignet und fördert die Bereitschaft, selbst aufs Töpfchen und Klo zu wollen.

Interaktive Mit-Mach-Seiten lassen Kinder neue Ideen bekommen und stärken das Selbstbewusstsein. Denn SOWAS! macht Kinder zu Experten für sich selbst.

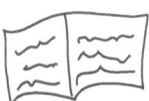

Bezug über den (Internet-)Buchhandel in Deutschland, Österreich und der Schweiz

edition riedenburg

editionriedenburg.at

Wie man selbst groß aufs Klo geht, weiß der kleine Spatz Wuschelfloh schon.

Aber wie machen es all die anderen Tiere? Bei seiner Klo-Weltreise zu den Fladen, Knödeln und Würstchen dieser Welt lernt Wuschelfloh jede Menge über das Müssen und Machen. Und sogar darüber, dass sich einige Tiere über das Kacks der anderen Tiere freuen.

Das fröhlich gereimte Bilder-Erzählbuch der Buchreihe SOWAS! MINI macht Kindern ab zwei Jahren Spaß und hilft dabei, die Scheu vor dem großen Geschäft zu verlieren.

Interaktive Mit-Mach-Seiten lassen Kinder neue Ideen bekommen und stärken das Selbstbewusstsein. Denn SOWAS! macht Kinder zu Experten für sich selbst.

SOWAS-buch.de

Das Kindersachbuch „Machen wie die Großen" erklärt ganz genau, wie das mit Pipi und Kacke so funktioniert. Ergänzend zu den Sachinformationen gibt es Mit-Mach-Seiten mit vielen Bildern, die Eltern und Kindern eine altersgemäße Annäherung sowie einen lockeren Umgang mit den täglichen Ausscheidungsprodukten ermöglichen. Auf diese Weise wird jedes Kind im Handumdrehen zu einem echten Pipi- und Kacke-Spezialisten!

Eltern erfahren, wann Kinder bereit sind, die Toilettenfertigkeiten zu erlernen und wie sie ihre Sprösslinge bei diesem sozial bedeutsamen Entwicklungsschritt optimal unterstützen können.

„Machen wie die Großen" – Das fröhliche Klo-Buch mit dem Klolied-Hit „Froh aufs Klo!" (gibt's auf Youtube).

Hier kommen Herr Kacks und das Pi! Die beiden wissen bestens Bescheid, wenn es um das große und kleine Geschäft geht. Denn immerhin wohnen sie im Darm und in der Blase. Am liebsten treffen sich Herr Kacks und das Pi so oft es geht in Kimmis Windel. Dort ist es wohlig warm und gemütlich! Damit alles so bleibt, wie es ist, spielen sie der kleinen Kimmi viele Streiche. Doch schon bald hat Kimmi den Dreh raus und Herr Kacks und das Pi landen direkt plumpsplatsch und pieselwiesel in der Toilette.

Neugierige Kinder ab 4 Jahren können sich auch auf den Mit-Mach-Seiten rund um die Toilettenfertigkeiten schlau machen. Eltern lernen das Kacks- und Pi-Einmaleins. Ebenso, wie sie Hindernisse wie z.B. Toilettenangst, Einnässen und Einkoten besser erkennen.

SOWAS!
SOWAS-buch.de

Alle Titel im
Buchhandel erhältlich

SOWAS! MINI für Kinder ab 2 Jahre

Die „SOWAS!"-Reihe wird fortgesetzt!

**edition
riedenburg**
editionriedenburg.at